문학과지성 시인선 624

작약과 공터

허연 시집

문학과지성사

문학과지성사에서 펴낸 허연의 시집

내가 원하는 천사(2012)
오십 미터(2016)
당신은 언제 노래가 되지(2020)

문학과지성 시인선 624

작약과 공터

초판 1쇄 발행 2025년 10월 1일
초판 3쇄 발행 2025년 10월 28일

지은이　허연
펴낸이　이광호
주간　이근혜
편집　허단 김다연 김필균 윤소진 유하은 조아혜 최은지
마케팅　이가은 허황 최지애 남미리 맹정현
제작　강병석
펴낸곳　㈜문학과지성사
등록번호　제1993-000098호
주소　04034 서울 마포구 잔다리로7길 18(서교동 377-20)
전화　02)338-7224
팩스　02)323-4180(편집) / 02)338-7221(영업)
대표메일　moonji@moonji.com
저작권 문의　copyright@moonji.com
홈페이지　www.moonji.com

ⓒ 허연, 2025. Printed in Seoul, Korea

ISBN　978-89-320-4462-0　03810

이 책의 판권은 지은이와 ㈜문학과지성사에 있습니다.
양측의 서면 동의 없는 무단 전재 및 복제를 금합니다.

문학과지성 시인선 624

작약과 공터

허연

시인의 말

잊지 않고 흐르는 것들에게 고함
그래도 내가 노을 속 나비라는 생각

                                          2025년 10월
                                                허연

작약과 공터
차례

시인의 말

1부
숯 11
판교 13
슬퍼서 숨을 때는 빗속에 숨는 거야 16
작약과 공터 18
시는 검고 애인은 웃는다 20
기다림의 개 23
계절감 24
여름에 간 당신에게 26
산을 넘는 소년 28
Heaven 30
시월의 시 32
해변 정류장 33
지리멸렬하다는 것 36
쓸데없는 화살 38
가여운 거리 40
슬픈 주기 1 42

2부

과거새   47

청년기   50

야근조와 마을   52

우울한 고원   54

금붕어 죽이기   56

국경 모텔   58

미지(未知)   60

사경(寫經)   62

심장에 대해 말하기   64

계절과 기둥   66

권진규   68

엄마는 타버렸다   70

늙은 가수에게   72

공작도시 2   74

혜화동 1   76

3부

속초항   79

나는 종탑처럼 혼자였다   80

사월의 환(幻)   82

강물의 개인사   84

사막   86

무사하기   88

병가   90

너는 좋은 사람이었다   92

불타는 열차　94

지하철 정거장에서　96

베란다 텃밭　98

스텝　100

이별의 재해석　102

그날의 목격　104

슬픔에 슬픔을 보탰다　106

어떤 것들은 이름을 가졌다　108

무한 루프　110

청력검사　111

소망 없는 나날　114

이명　116

4부

스텔라　121

이끼 키우기　124

한탄강　126

이미 너무 늦은 이야기　128

기울어가는 생(生)　130

나이 든 여행　132

습지생태보고서　134

슬픈 주기 2　138

생(生)을 모른 척하기로 한다　140

파도는 아이를 살려둔다　142

두근거리고 싶은 것이다　144

작약과 공터 2　146

풍경과 호수　148
Y의 해변　150
타버린 나비　152

발문
나비처럼 패배하는 슬픔의 챔피언·유선혜　154

1부

숯

살았던 날들을 헤아려보면
어떤 날은 셀 수 있었고
어떤 날은 셀 수 없었다.

나무는 바람에 절을 하다 말고
이미 결정되어 있다는 듯
제단으로 들어갔다.

스스로 죽음을 선택한 것들의
선한 눈망울이
하늘을 올려다볼 때

마당에 널어놓은 홑이불이
천천히 흔들릴 때

사소한 슬픔이 새 한 마리와 함께
날아갔다.

너에게 시시한 기분은 없다.

기도의 한 형태처럼 서 있었고
내가 사랑한 것들이 나를 버린다는 걸 알았고

들짐승들이
연기가 날아가는 방향을 보며 짖는 저녁

살 타는 냄새가 났다.

나무여.

판교

거의 모든 소리를 듣지 못하게 된 아버지가
삼십 퍼센트 남았다는 심폐기능을 다 바쳐
성당 마당을 쓸고 있었다

"차라리 안 들리니까 더 좋아. 성령 말씀만 들으면 되지"

그렇게 남의 말 안 들으시더니
뜻대로 된 것이다

먼발치에 차를 세워놓고
비질하는 아버지를 봤다

빗자루보다 더 말라버린 아버지가
시성(諡聖)되지 못한
동판교의 성자로 보였다

참을 인(忍) 자 셋이면 살인도 면한다고
나를 가르쳤던 아버지
정작 본인은 참지 않으셨다

풍파와 연정, 불운
이런 것들이 아버지의 구십 성상을 할퀴었고
이제 그는 갑자기 성자가 되어 있다

그의 시간은 얼마나 남았을까

그가 취해서 불렀던 노래들은 다 어디로 가서
부질없는 삶과 죽음의 지층으로 들어갔을까

그대가 죽고 내가 살아서 그 노래들을 부를까

아버지는 나보고
왜 젓가락처럼 자꾸 마르냐며
성질머리 좀 고치라고 했다

속으로는
다 당신에게 물려받은 거라고 말하고 싶었지만
이미 성자가 된 아버지께

그 말을 하지는 못했다

초개인주의자 천지인 집안 내력상
아버지는 낡은 임대 아파트에서 외롭게 가실 것이다

초등학교 시절 아버지가 구속된 적이 있었다
출소하는 날 아버지는 내게
칫솔대로 깎은 성모상을 쥐여줬다

그날 아버지는 평생 물려줄 전부를 준 것일지도 모른다

아버지는 사라질 것이다

나는 남아서
칫솔대에 성모상을 새기기 시작할지도 모르고

슬퍼서 숨을 때는 빗속에 숨는 거야

작고 붉은 열매들을 떨어뜨렸다
죽음이었다

우리는 노인들에게 그러지 말라고 주의를 받았다

다행히
채 하루가 가기도 전에
열매들은
비가 잠시 그친 사이
재활용 더미 속에서
포자로 피어났다

힘은 없지만
난생처음 뭔가가 된 것이다

장마 덕분이었다

장마철
"이 계절엔 모든 게 어렵다"라고

사람들에게 문자를 보냈다

이 계절 나는
다시 한번
충분하지 않은 것으로 하루하루를 견딜 것이다
포자처럼

슬퍼서 숨을 때는 빗속에 숨는 거야

빵칼을 들고 세상에 덤비는 심정으로
빗속에 서 있었다

작약과 공터

진저리가 날 만큼
벌어질 일은 반드시 벌어진다

작약은 피었다

갈빗집 뒤편 숨은 공터
죽은 참새 사체 옆

나는
살아서 작약을 본다

어떨 때 보면, 작약은
목매 자살한 여자이거나
불가능한 목적지를 바라보는
슬픈 태도 같다

아이의 허기만큼이나 빠르게 왔다 사라지는 계절

작약은

울먹거림
알아듣기 힘들지만 정확한 말

살아서 작약을 보고 있다
작약에는 잔인 속의 고요가 있고
고요를 알아채는 게 나의 재능이라서

책임을 진다

공터 밖으로 전해지면 너무나 평범해져버리는 고요 때문에

작약과 나는
가지고 있던 것들을 여기 내려놓았다

작약을 가만히 들여다본다

슬프고 수줍어서 한층 더 작약이었다

시는 검고 애인은 웃는다

용서는 해 뜨기 전에 하는 거라서
이불과 아파트를 빠져나와
강으로 갔다

강의 싸늘함을 보다가
내게 견인선이 필요하다는 생각을 했다

교각 위로 무개화차가 지나갔다

강가에서의 마음은
가슴을 치며 삼월에 대해 쓰거나
이상한 용기를 내서
애인과 헤어지고 싶었다

불현듯
애인은 애인이 아닌 것 같다
사랑도 사랑이 아닌 것 같다
우리가 하는 일은
뼛속으로 길을 내는 일인 것 같다

청하는 것보다 많이 주었지만
우리는 늘 적다
얼굴이 안 보이고
심장은 가끔씩 느려지고
단지 시를 낳았다

지난겨울은
멀리서 온 나쁜 소문처럼
아무 확신이 없었고
가엾게도
셀 수 없이 많은
희한한 초안들이 만들어졌다

애인은
혼자가 되서 성숙해지는 것이 아니라
다시 만날 때 성숙해지는 거라고 말했다

나는

회청색 새들이
　수세기 동안 그래왔듯이 그날그날의 근심을 퍼뜨릴 것이다

　시는 검고
　애인은 웃고
　우리는 달성될 것이다

　어떤 날씨와 어떤 날씨의
　교체에 관한 이야기다

기다림의 개

누가 죽기를 바랐던 그 마음처럼
그대를 미워하는 밤

그대를 진심으로 미워하면
그 미움이 그대에게 가닿을까

그 미움이
타로 카드처럼
그대를 귀 기울이게 할까

기다림의 개로 살아가는 밤

계절감

나도 나방 한 마리를 밟아 죽였다
궁금했으니까

고통 속에서 하는 짓만이
고통을 이해할 수 있다
한 사람이 점차 나빠지는 이야기

난 몇 가지 종류의 계절을 경험한다
나쁜 계절과 나빠질 계절

상처 수집가들이 급할 건 없다

지구의 축은 이미 기울어져 있으니까
올 것은 반드시 오고
죽을 것은 반드시 죽는다

나는 통증에 시달리며 이 구역의 계절을 만든다

슬픔에도 기술이 있다

다 죽고 나면 계절은 성당이 된다

새로 내리는 비는
슬픈 챔피언들을 불러 모은다

이 계절에는
속된 세상을 등지는 나무들이 있었다

여름에 간 당신에게

애인이 부르던 노래에는
차가운
고체 같은 것들이 박혀 있었다

나는 모든 이별에 의혹이 생긴다
어떠한 안간힘에도 불구하고
예외의 날은 없었다

나를 관통했던 사람에게

이제는 죽어서 고체가 된 사랑에게
우리가 먹었던 것들과
우리가 파묻었던 것들에 관해
말해주고 싶었다

애꿎은 노을을 원망하다가

먼저 간 그대 생각이 나서
이가 시린 과일을 먹는다

더 나쁜 날들이
비구름처럼 강 건너에 이미 와 있었고

한참을 울다가 돌아서 가는
당신을 보며
사람이 많이 울면
여름에도
입술이 파래진다는 걸 알았다

산을 넘는 소년

눈 오는 밤. 소년이 산을 넘어간다.
흔한 일이다.

그날 밤 나도 한수이북의 어느 산을 넘었다.
걸음을 옮겨야 했던 게
나의 일이었는지 세상의 일이었는지
아직도 알 수가 없다.

어린 내가 얻는 슬픔은
죽은 자의 이름으로 행해진 것들이었고
그래서 영원히 사라지지 않고 남았다.

침묵하면 좋은 일이겠지만.

기억 사이사이로 따뜻한 강이 흘러
그것이 눈물인 척하고 있었다.

그렇게 끝없이 세월이 무엇을 가져갔지만
새카맣던 강물은 지금도 흐를 것이다.

어른이 되어 더 슬퍼졌지만
슬픔은 여전히 더 갈 데가 있는 것 같다.

별을 올려다보면 이상하게
슬픔에 이름을 붙일 수 있을 것 같았다.

내가 산을 넘었던 슬픔이
누군가를 태어나게 할 때 쓰였으면 좋겠다.

슬픔의 비유가 고개를 들 때마다
새로 태어나는 사람들이 가여워지고
나는 여전히 살아서 산을 넘는 몸을 가지고 있다.

"슬프겠구나"라고 말하면
슬퍼지는 것들이 있었다.

Heaven

쓸 수 있는 단어들이 줄어드는 걸 보면 천국은 분명히 있다.

천국을 보려는 자들이
이빨이 있던 자리에 혀를 밀어 넣으며
때 절은 매트리스에 눕는다.

천국은 계산처럼 맑고
함수처럼 평등하다는데

모두 가지려고 하기 때문에 아무도 못 가진다는 걸 알기 때문에

그냥 그 자리에 놔두고는 있지만

그래도 가끔은
고장 난 게임기를 만지작거리거나
오래된 아몬드를 씹으며
천국을 생각할 때가 있다.

그럴 때면 부적응의 하루가 빵처럼 부풀어서
단어를 또 몇 개 잊어버린다.

천국은 있다.

시월의 시

 이별하는 것 말고 다른 것도 할 줄 아는 사람은 시월을 잘 모르는 사람이다. 병동으로 옮겨지기 시작하는 단풍잎. 영혼이 빠져나가 파삭거리기만 하는 풀밭, 초속 오 센티미터*로 떨어지는 마지막 열매들. 죽은 새끼들을 낙엽에 묻고 날아가는 새들. 그리고 흙장난하는 아이들 이마에 불어오는 사연 많은 바람. 시월엔 가득 찼던 것들과 뜨거워졌던 것들이 저만치 떠날 짐을 꾸린다. 그걸 알아챈 추억들도 남쪽으로 가고. 시월엔 이별이 전부다. 시월은 이별밖에 할 줄 모른다. 시월에 무릎을 꿇는 이유다. 세상엔 만남의 몫이 있는 만큼 헤어짐의 몫도 있어서 이토록 서늘하다.

* 신카이 마코토의 애니메이션 제목.

해변 정류장

(표지판에는 파도에 절대 등을 보여주지 말라고 씌어져 있었다)

그 옆엔
마을 사람들이 오랫동안 동의했을 법한
버스 정류장이 있었다

십자가가 많았다

왜 개별적 인간들은
임연수어가 있고
잘 끓여진 카레가 있고
심지어 맥박이 뛰고
끝도 없는 겹겹의 파도가 있는데

신을 보려고 할까?
망하기 전에 서둘러 망하려고 할까?

아이들 공놀이를 구경하다

날아온 공을 주워 주려고 들어갔던
버스 정류장 뒤편……
자두였다.
나무에 달린 붉은 자두를 난생처음 봤다
말할 수 없이 기뻤다

아이들을 태운 버스가 도착했다
"내릴 분 없어요. 무실마을이에요"

버스에서 내린 아이들 주머니에는
불룩하게 조개껍데기가 들어 있었다
아이들이 남긴 덜 자란 웃음소리가 정류장에 오래 머물렀다

딴생각을 하다 버스를 놓치고
낮술에 취한 동네 할아버지에게 핀잔을 들었다
"잘 알아두라고…… 자유는 스스로 자에 말미암을 유야"

세상은 기분 때문에 생겨났고
버스는 모든 게 아쉬운 사거리를 지나가고 있었다

지리멸렬하다는 것

 모닥불을 보고 찾아온 길고양이가 있었다.

 캠핑 오는 사람마다 이름을 지어줘서 고양이 이름이 한 백 개쯤은 된다고
 캠핑장 아주머니가 말했다.

 우리는 고양이에게 에코라는 이름을 붙였다. 에코는 우리 텐트에 올 때만 에코였다. 에코는 우리 구역에선 한 번도 빠짐없이 에코였다. 이박 삼 일 동안 그랬다. 하지만 에코는 옆 텐트에 가면 줄리앙이었다.

 트램펄린을 하러 갔다. 휴대전화는 놔두고 올걸…… 내가 뛰어 오를 때마다 휴대전화는 궤도를 이탈했다. 공중에서 두 신체가 반목하고 있었다. 논의가 필요했다.

 캠핑장에서 일하는 네팔 청년은 텐트 안에서 개인 난로를 사용하면 사망할 수 있다고 외치고 다녔다. 불현듯 사망하고 싶어졌다.

날이 추워서였을까. 어떤 노래도 분위기를 띄우지 못했다. "에이 술이나 더 마셔." 친구들은 현세를 이야기하면서 싸우다가 내세 이야기를 할 때는 얌전해졌다.

사달이 났다. 돈을 빌린 A와 돈을 빌려준 B가 큰 소리로 다투기 시작했다. 출발 전 마트 주차장에 모였을 때부터 조짐은 있었다. A가 차를 바꾼 것이었다.

달빛이 밝았다. 학력고사 끝나고 모여 어깨동무하고 노래를 불렀던 밤. 중국집 구석방을 밝히던 알전구 생각이 났다.

캠핑은 지리멸렬했다. 사소했다. 끝까지 사소했다.

데크 바닥을 핥는 소리가 들렸다.
에코였다.

쓸데없는 화살
── 시작법(詩作法)

발견한 모든 성분들을
밤하늘에 던지는 일

아픔으로 알게 된 사실은
다 말할 수가 없으니까
병은 철저히 내 것이니까

틈이나 경계 이런 데서 살다가
가끔씩 처벌받고
인간에게 소리 지르다가
노을로부터 대답을 듣고

최후에 온 자들과
세계의 마지막을 반칙으로 만드는 일

매번 깨닫지만
고백은 고백 속에서만 존재하고
그러다
계속 고백하는 자로 남는 것

말 안에 있지만 동시에 바깥에 있는
총알도 파고들지 못하는
딱딱한 씨앗 속에서 꾸미는 흉계

설명 없이
목적지를 파괴하고
파괴된 과녁을 향해
쓸데없는 화살을 날리는 일

같아지지 않되
녹아드는 일

죽어가는 것들의 눈에서 번개를 만나는 일

가여운 거리

베란다에 걸려 있는 빨래들이 흔들리기 시작하면
생은 잠시 초라해졌다가 다시 화색이 돌기도 한다.
경멸할 것은 없다. 어차피 다 노래니까.

나는 이 위험한 순서를 알고 있다.
혼자 밥을 먹는 사람들이
약기운에 진 환자처럼
얌전해지는 밤을 알고 있다.

서리 낀 창밖은 질문으로 가득하지만
여기선 답을 하지 않는다.
질문 속에 답이 있거나 혹은 답이 두렵기 때문이다.

도시의 동쪽에는 노숙인들이 낮 시간을 보낸
긴 의자들과 고장 난 그네가 있다.
나중에 봄이 되었을 때
의자와 그네에는 새로운 색이 칠해져 있을 것이다.

겨울이 오기 전 거리가 파헤쳐지면

사람들은 비로소 도시를 이해한다.
모든 것은 이미 정해져 있었고
가끔 아픈 새들이 태어났다.

도시는 자꾸만 바람 불어오는 쪽을 바라보고
나는 거리에서 들려오는 모든 소리들이 구타처럼 느껴진다.
(나도 한 거리를 이해할 수 있다면 좋겠다)

도시의 거주민들은 비가 언제까지 내릴까 하면서
자꾸만 하늘을 올려다본다.

거리에는 장례식이 있었다.

슬픈 주기 1

단명할 것이 분명한 화분에
여전히 물을 준다
마무리 짓지 못하는 일들
그런 게 뭐라고
속이 탄다

화분의 죽음은
화분의 시간은
직관만으로는 말할 수 없다

시소에 앉아
인조 잔디와 하늘을 번갈아 보면서
어떤 게 쓸 만한 선택인지 생각한다

시소에 앉아 느끼는
생의 무질서도(度)는 그나마 견딜 만하다
주기니까
딱 거기까지니까

노인에서 소년으로
시소는 움직인다
양쪽에서 하는 일과 양은 같은데
한쪽은 등신이고
한쪽은 전사다

딱 거기까지가 생이다
화분에 물을 준다

2부

과거새

1

밤새 과거에게 먹이를 주는 밤

아동 병원 간이침대에 누워
방법 없는 방법을 골몰하다
경기를 일으키며 눈을 떴다

구부린 채 뒤척이는 내 몸 어디에선가
그날의 성가가 흘러나온다

이 노래가 언제부터 나를 흘러 다녔을까
나는 철로변에 살았었고
그날은 여섯 살이었고
여전히 아무것도 설명하지 못한 채 떤다

바람 냄새가 달라졌고
무서운 손님들이 왔다 갔고
어머니는 새벽 내 묵주기도를 바치며 울었다

세월은 흘렀지만
반수면에 시달릴 때마다
여섯 살 그날의 기도가 들려온다

2

몸을 일으켜 스텔라를 본다
'나 좀 살려달라'고 헤진 포대기 위에서
눈으로 말하던 갓난아기

이제 여섯 살이 된
그녀에게도 똑같은 기도가 들릴까

벽에 붙어서 유물처럼 나를 지켜본
낡은 괘종시계야
여섯 살짜리를 지켜주렴
탁자 모서리를 잡고 겨우 일어섰던 그날처럼

살아서 웃을 수 있도록

불안한 아이를 안고
다시 잠이 들 때까지 머리를 빗겨준다

구름에도 이름을 붙이는 아이에게
평생 흘렸던 눈물의 성분으로
일출 같은 축복을 하고 싶다

눈물이 그치고 오늘이 남도록
아이가 이기고
슬픔이 지도록

사랑해 스텔라
지금은 겨울이지만
오늘의 새들은 죽지 않고 날아올라
과거새만 죽었어
알겠지

청년기

일찍 심은 씨앗들이 무사하기 힘든 것처럼
청년 시절 나는
수차례 해고되었고
그러고 나면
바람 속에 서 있곤 했다

이런저런 알바에 시달릴 때마다
나비를 채집하거나
타악기 주자가 되고 싶다는 생각을 하곤 했다

나를 내어놓아도
흡족한 일은 찾아오지 않았다
먹고사는 일엔 늘 말문이 막혔다

알바를 마치고 돌아오던 저지대에선
저녁마다 개가 짖었고
행인들은 말이 없었다
여기서 모든 일은
이미 오랫동안 그래왔던 것들이었으니까

둘이나 셋 중 하나를 고르는 경우는 없었다
늘 그즈음의 일이 떨어졌고
일터에 어울리는 말투를 배우며
한 계절이 갔다

날씨에 단련된 변두리 간판 같은 얼굴로
베이기도 했고
늘어나기도 했고
부러지기도 했다

이제는 안다
그것들이 누설되지 않은 채
내 뒷모습에 남아 있음을

몸을 써서 했던 일들은 흔적을 남겼다

야근조와 마을

야근조 몇이 둑방 위를 걸어간다
그들에게는 한 세계가 있고
마을에도
한 세계가 있고

남자들이
밤에 해당하는
몇 가지 일을 하는 동안
마을은 마을 안으로 모든 것을 감춘 채
하루를 세상 어디쯤 배치한다

길고양이 몇 마리 빠르게
길을 가로질러 사라지고

남자들은 물끄러미
마을을 본다
눈이 내렸다
남자들에게서 마을로 가는 눈

남자들은 늘 했던 일들을 하고
마을도 늘 했던 일들을 한다

약속 같은 게 없으니
망칠 일도 없고
복잡하지도 않다

직박구리 한 마리가
각시풀을 물고 날아간다
살아남기로 한 것들의 눈매가 붉다

잠자리에 든 노인들의 기침 소리가
들리고 하루가 간다

'제행무상'

말없이 이루어지는 밤

우울한 고원

반대편을 볼 수 없어서
이 고원에선 날개가 필수다

참다못한 A가
울었을 때
나는 그 마음을 볼 수 없었다

남쪽 창문과 북쪽 창문을 번갈아 보다가

벽지 무늬를 따라가다 보면 햇살은 어느새
아무것도 해결해주지 않은 채
방 한가운데 들어와 있고

A가 한 사나흘 올 때
나는 아프느라 바빠서
기회도 이별도 말하지 못했네

A의 금붕어와 A의 사과나무와
A의 노래와 그리고

A의 이주
이런 걸 볼 수 없었네

늘 그 모양인 게 싫어서……
이렇게 하자 A

내 자전 속도에 맞춰
A는 반대편으로 걸어
그러면 나를 만날 거야

파란 이파리 같은 얼굴로
A는 고백처럼 걸었네……

고원에서 내려다보면
보이는 운명들이 있었네

금붕어 죽이기

금붕어를 샀었다
여덟 마리를 샀는데
이틀에 한 마리꼴로 죽어나갔다

"원래 물고기 키우는 건 쉽지 않은 거야"
상심한 샤샤에게 말했다

샤샤는 눈 밑이 어두워졌다
"이 무슨 죽음의 공동체도 아니고……"

사체처리반으로 발탁된 나는
금붕어를 흰 휴지에 싸서
마카롱이 하나씩 담겨 있던 상자에 넣어
아파트 화단에 묻었다

"무사하기가 이렇게 어렵네. 반드시 윤회할 거야"
내가 이렇게 말하면
샤샤는
"죽음은 그냥 죽음일 뿐"이라며

거실 바닥을 닦았다

마지막 남은 붕어에게 먹이를 주며
텅 빈 매미의 죽음이
오히려
충만했던 여름을 알려주듯

마지막 남은 붕어가
우리의 한 계절이 존재했음을
그때가 진경(眞境)이었음을
알려주고 있었다

견딜 수 없이
지난 계절이 그리워졌다

다시 시작하고 싶었다

국경 모텔

그 길이 귀신처럼 부질없고
헛될지라도
어차피 이 길은 어디로든 통할 테니

작심하고 나섰다
비행기와 열차와 트럭,
나귀 등을 빌려 타고 도망칠 수 있는 끝까지 갔다

그렇게 도달한 곳

카라코람
국경이었다

깡마른 들개들이 나를 에워싸고
모래바람이 입을 막았다

여기서
길은 모든 변수
모든 망명

모든 죽음과 연결되어 있었다

흔들리는 안테나가 빼곡한 국경 모텔
여기선 아무것도 접속되지 않았다
꿈은 너무 복잡해서
며칠 눈조차 감겨주지 않았다

도로가 끊긴 지 일주일째
옥광산 광부들이 절벽을 깎아내는 걸 봤다

악령의 계획처럼
예리한 입사각 아래
비밀들이 빛났다
인부들의 검은 눈에 비친 비밀들

나는
집을 나와
길을 가졌는데
그 길을 잃었고

미지(未知)

미지를 찾아 헤맸었다
아직 알 수 없는

당신이 미지였다
빗속을 걷다가 그냥 사라지거나
꽃게된장찌개를 끓이다 울어버리거나
기뻐도 하나도 기쁘지 않다는 여인

사랑을
죽음의 공동체로 생각하는 여인

벌거벗은 채
새 먹이를 주고
물풀처럼 잠을 자고
놀라운 고백을 하고
목선의 깃발처럼 흔들리고
가장 뜨겁고 가장 차가운 여인

무덤에서 나온 사람처럼

홀연히 중얼거리다
잠을 잘 때면
은하를 타고 꿈속을 건너오는 여인

여름에서 가을로 가는 사이
세상은 당신으로 가득 찬다
우리는 청동상처럼 반질반질해질 때까지 서로에게 기댄다

그러곤
썩어서 없어질 때까지
서서히 미쳐가는 우리를
비로소 깨닫는다

미지를……

붙잡지도 보내지도 못하는 날들을 살아갈 것이다 기꺼이

사경(寫經)

어린 시절 고척동 남부교도소로 아버지 면회 갈 때
어머니는 꼭 나를 데리고 갔다
아버지가
자기랑 가장 닮은 아들을 보고 싶어 할 거라며……

나는
교도소를 오고 가며 어머니가 흘릴 눈물이 싫어서
끝까지 버티다 따라나서곤 했다

집에 돌아오면 말썽을 부렸다
어머니가 화가 나서 나를 때릴 때만큼은
아버지를 잊는 것 같았다

때리다 지치면 어머니는 쌀을 안쳤다
석유곤로에서 밥냄새가 나면
겨우
고단한 하루가 넘어갔다

그런 날 밤이면

아버지가 꿈속에 와 있곤 했다
아버지는 교도소 담벼락에 기대앉아
칫솔대에 성모상을 새기고 있었다

그 그리움의 사경

세포 하나하나에 새겨진
극한의 세밀화

심장에 대해 말하기
── 시작법(詩作法)

난 높이를 배웠다
더할 나위 없는 전쟁의 시작이었고

눈물 사이를 빠져나온 내 스텝이
전선을 향해 간다

가장 무책임한 전쟁터에 내가 있다
나는 반응 인형이다

기쁘게도
나는 같은 이별을 여러 차례 묘사했으며
그 이별을 지킬 것이며

나의 말들이 아무 영광 없이
무게도 없이 날아다니기를

그리고
내 전쟁이
압도적 슬픔에도 불구하고

승리하지 않을 것이라는 사실을

틀림없이
심장에 관하여 말할 것이라는 사실을
약속한다

전쟁을 알기 전 나는 더 불행했다
죽으면 다시 죽지 않는다는 사실을 몰랐다

내가 자란 동네에서는
패배한 자에게만 말을 시킨다

나는 종종 패배한 벌판에 서 있었고
버림받았으므로 씨앗으로 뿌려졌고

발아했으며
다른 날들을 겪었고
전쟁은 늘 다시 시작됐다

계절과 기둥

나무 기둥 하나에 너무나 많은 것이
매달린다

흔들리는 천막과
넝쿨 잡초와
남자들과
직박구리와
그 밑의 수건들과
오래된 범주들
얕은 잠과 거수경례

보조동사처럼
가끔 고개를 끄덕이지만
그래도 기둥은 확실하다

기둥은
여기서 계절을 다 살면서
마지막 고독을 달성했을지도 모른다

모든 것을 겪고
느슨해지고
젖고

그 생이
그렇게 아팠던 거다
피조물의 오 미터가

권진규

생은 자주 금이 가고
미아리 언덕에는 여전히
죽어가는 청년이 있다

웅성거리는 소리가 들렸고

나쁜 일이 생길 거 같아서
서로 자꾸 묻는다
"살아 있니?"

이곳엔
공기처럼 다가오는
지배적인 가엾음이 있다

그날처럼

죄 많은 언덕에
재활용 예수가
매달려 있다

착한 사람들은
늘
어깨에 힘이 없지만
그래도 이상하게 충분하다

미아리에서 오늘도
한 남자가 대신 죽어갔다

엄마는 타버렸다

엄마는 타버렸다

빨리 떠난 자일수록 하지 못한 말이 많고
사람은
죽은 다음에야 산 사람과 화해한다

재를 끌어모을 때
타버린 엄마를 뒤적거릴 때
들려오는 말이 있었다

가족들은
대답하기 힘든 건 묻지 않는다
가족은 그렇게 유지된다

그때그때 묻지 못했던 것들은
재가 돼서야 안다

그 새벽
대문을 박차고 나선 나를 절룩이며 배웅하고

무슨 마음으로 다시 습지까지 걸어갔는지

어떻게 그렇게 일찍 죽을 수 있었는지
그걸 이제서야 묻는다

재가 되기 전에는 도무지
물어볼 수 없었던 것들

그런데 오늘
그 대답이 들리는 것이었다

삼십 년 만에 무덤을 열고
뼈를 수습해 화장을 했다

화장장 직원에게
재가 되지 못한 뼛조각 몇 개를
빻지 말아달라고 부탁했다

그 뼈들이 여전히 말을 하는 거 같아서

늙은 가수에게

중국집에서 우연히 만난 늙은 가수를 안아주고 싶었다
싸구려 시술로 망가진
늘어진 자루 같은 그에게 말해주고 싶었다

털어놓고 싶었다
당신 노래 때문에 한 며칠 버틴 적이 있었다고,
당신 노래를 잘 부르던 여자애와 바닷가에 갔었고,
낮에는 데모가를
밤에는 당신 노래를 부른 날이 많았다고

선풍기 바람을 맞으며 헐한 짬뽕을 먹는 그를 보며
생은 곧 모멸일지도 모른다는 생각이 들었다

힐끗힐끗 당신을 보는데 왜 내가 읽히는지
몇 개의 알약으로 하루를 시작할
이제는 늙었을 동창들은
또 왜 떠오르는지

당신은 왜 요절하지 않았나요

당신은 왜 바다를 건너가지 않았나요
모멸의 국물을 마시는 당신은 바로 나인가요

중국집에 스며 들어온 햇살은
하필
속수무책의 세월처럼
그의 얼굴을 비추고……

천해지고 또 천해져서
차라리 뭉클한 그대여

공작도시 2[*]

인간에게 패한
영양 무리들이 폐수 위를 뛰어가는 걸 보면서
경건하게 튀어 오르는
오물과
쓰러지는 드럼통을 보면서

세상에 남은 일은
삶을 바라보는 것이 아니라
소멸을 바라보는 것이라는 걸 알았다

이곳에서 약해질 시간은 없다
대멸종이 오는 날까지 강해져야 한다

영양들은 공작도시에서
자기가 아무것도 아니라는 걸 배운다
그래서 특별해진다

더 나쁠 순 없어서
뭐라도 해야 해서

변종이 된
영양들은 공작도시를 달린다

폐차장 무리가
혹시나 있을
미래의 왕을 기다리며 쓰레기 산을 넘어간다

* 손상기의 그림.

혜화동 1

"엄마랑 같이 걷는 거 창피하지?"

아들 때문에
학생주임에게 불려 왔던
다리 불편한 어머니는
혜화동 동양서림 앞에서
고개를 떨구었다

소년은 끝내 대답하지 못했다

그날 밤
잠든 머리맡으로
깨진 음표 같은 게 쏟아져 내렸다

이제는
하늘에 계신(神) 어머니

3부

속초항

누군가 가까스로 살고 죽을 때도
동백은 피었다

속초엔
모든 게 다 있었다

끝만 빼고……

죽는 방법은 너무나 많기에
파도는
그걸 말해주지 않는다

다 내 탓인 듯

출항 못 한
소형 어선들의 깃발이 펄럭였다

나는 종탑처럼 혼자였다

수천 년된 유적지에서
염소들에게 소금을 먹이며
하루를 보내는 소년이고 싶었다

헛수고였다

종탑처럼
혼자인 소년에게
살아갈 날들과
살아가면서 일어날 일들은
한 무더기 탄창처럼
연결되어 있었으니까

그래도 살았다 소년이었으니까

그때는 모든 날씨가 아팠다
하지만
이제는 모든 날씨가
두렵다

폭음한 날 새벽
스포츠 채널 경보 경기를 하염없이 본다
아름답다

도저히
받아들일 수 없었던 미학들이
받아들여지는 순간이 온다

세월은 탄창에서 쏟아져 나온 총알처럼
과녁을 향해 몰려갔으니까

생각 많았던 그날의 소년에게 축복 있으라

사월의 환(幻)

사월에는 사월이 없다
해마다 사월에는 사월이 아닌 다른 게 숨어 있다
사월 맞아?

삼월보다 추운 사월엔
문 열고 나갈 때마다
휴대전화 달력을 다시 본다

지난해에는
아…… 삼척에 갔었구나
맞아 바닷가에 오래 있지 못했지
목도리가 아쉬웠어

내 인생 모든 사월에는 봄이 없었다
내게
사월은 없는 계절

정학당했던 고교 시절
도서관에 갇혀 반성문 쓸 때

창문을 때리던 난데없는 우박을 보면서
사라지고 싶다는 생각을 한 것도

군 시절
사랑하지만 떠난다는 애인의 편지를 받고
애꿎은 철모를 툭툭 치며
"봄이 왔으면 좋겠다!"라고 연병장에 쓰던 날도

이른 나이에 상주가 돼서
배롱나무 밑에 어머니를 묻었던 것도
사월

사월에는 사월이 없어서
사월에는 봄날이 없어서

나는 사월마다 달력에 없는
이상한 계절을 산다

강물의 개인사

강은 자기 자식들을 만들면서 흘러간다

반쯤 강에 발을 걸친 미루나무를 낳기도 하고
검은 조약돌을 낳기도 하고
물고기들의 혼잣말 같은
외로운 알을 낳기도 한다

하루살이의 생애와
물새의 날개를 낳고
잠겼다가 떠오르는 길을 낳기도 한다

그리고
무너지는 인간과
그 인간의 이야기를 낳는다
아픈 마을을 낳고
검은 도시를 낳는다

굴뚝과
네온 불빛과 고무풍선 어지러운 유역을 낳고

어부의 탄식과
전설 같은 노래를 낳는다

강이 만들어낸 자식들
누가 이들을 기억해줄까

훌륭한 순간들은 없었을지 모르지만

하구 끝
밤하늘이 밝게 빛나는 건
강에서 태어나 강에서 죽은
이들의 영혼이 가득 차 있기 때문이다

사막

사막이 살아나는 걸 본 적이 있다
죽음이었던 모래알들이
반대편에 있던 바람이 손짓하자
살아서
군단이 되어 움직인다

생과 사 중간쯤에
서 있는 나는
사막의 말을 할 줄 몰라서

속상하지만
이들의 거대한 의식에
끼어들 수 없다

죽음의 언덕에서
생을 만드는 일

수십만 년 동안
사막이

자객처럼 해왔던 일

여기선
셀 수 없이 많은
모래 알갱이 중
걸도는 것들은 하나도 없다

사막의 말을 모르는 자들만이
발이 파묻히는 것도 모른 채
두려운 의식을 지켜본다

무사하기

등교 시간 사거리를 지나는
초등학생들의 하얀 목덜미를 보면서

추사 김정희 집안사람들이 주고받았다는
한글 편지를 읽었던 날이 떠올랐다

"부디 무사하여라"

추사는
아들에게
때로는 부인과 며느리에게
편지 말미마다 이 말을 꼭 썼다

무사하기가 그렇게 어려웠나 보다

추사가 귀양지에서 그토록 원했던 건 결국
무사한 하루였다

오늘 사거리를 건너는 아이들의 하얀 목덜미를 보면서

나도 빌었다
"얘들아 부디 무사해라"
오늘도 내일도
더 커서도 무사해라
기억되지 말고 살아 있어라

가라앉지도 넘어지지도 말고
쓸려 들어가지도 말고
동원되지도 말고
살아 있어라

보행 신호를 세 번씩이나 놓치면서
사거리에
한참을 서 있었다

병가

당신이 끓여 온 버섯죽을
세 숟가락도 못 뜨고
자리에서 일어났어요

동작을 바꿀 때마다 오는 통증이
제게 사는 것에 대해 물었어요
아플 때면 생각할 게 많아져서 바빠요

사는 건 그저 가끔씩 체머리를 흔드는
잊지 못할 기억들에
두 손을 드는 일

경이로운 건 없어요
끔찍한 일이 가끔 있고
대부분은 그저 그래요

생을 바쳐 풀어야 할 문제들도 없어요
답은 다 다르니까요

창밖으론
어느 날은 검고 어느 날은 푸른 강물이
끝도 없이 흘러가고
기적처럼 자신의 근육으로
우주에 이르는 이야기를 들려줘요

좌우명 같은 걸 말할 필요 있나요

함께 살고
함께 사라지는 건 없어요

가을이 올 때마다
그들은 그들이 해야 할 일을 해요

커졌다 작아졌다 하는
지상의 노래들
세상의 모든 혼자만의 심장들

너는 좋은 사람이었다

달이 유난히 빠르게 지나갔다던
그 동네 이름을 기억하느라 애를 먹었다

한때 번성했었다는 남녘 어느 도시로 문학 강연 가는 날
문화센터를 찾아 헤맨 게 아니라
나도 모르게
달이 빨리 흘러갔다던 그 동네를 찾고 있었다

원로라 불리는 사람들 앞에서
'시는 비명'이라고 오만한 말을 지껄이고
밤거리로 나왔다

한때 주말이면 사람들이 떠밀려 다녔다던 거리
들려오는 유행가가 가슴을 치고
언뜻 네가 떠올랐다 사라졌다

미처 한생을 보지 못하는 사이
흘러가버렸을 눈빛과
끊어질 듯 간신히 흘러가는 그 시절의 필름

네가 가르쳐줬던 사투리 몇 개가 생각났다

너는 좋은 사람이었다
사랑을 발명했고
사랑이 끝났을 때 먼지처럼 가라앉았다
무연고 시신처럼
어떤 기념도 되지 않았다

기차역에서 가슴을 두드렸다
몇 알의 불안 장애 약은
시원치 않았고

어쩔 수 없는 세월을 항구에 놓아두었다

플랫폼으로 기차가 들어올 때 보았다
빠르게 흘러가버리는 달을……

불타는 열차

뜨거운 수프 같은 열차를 탄 적이 있다
야반도주자가 되어
덜컹대는 필름에 올라탄 적이 있다

취기에 기대어
다시 안 올 거라고 침 몇 번 뱉으며
은하 철도에 올라탄 적이 있다

마음은 한없이 무너졌으며
두고 온 것들은 어쩌면 그렇게 또렷하게
어두운 차창에 스테인드글라스처럼
되살아났는지

지친 사람들은
쓰러진 조각상처럼 잠이 들고
깨어 있는 사람들은
창에 비친 냉동 과일 같은
자기 얼굴을 보곤 했던 밤 열차

사랑받고 싶었지만
죽고 싶었지만 그걸 못했던 조각상들

굵은 점선 같은 철로를 따라
슬픈 여자들은 쉼 없이 알을 낳고
남자들은 피를 닦아냈다

잠들지 못하는 아이는
공주를 그리고 또 그렸고

거칠어진 공기를 뚫고 뜨거워진 열차는
아무 데도 갈 수 없는 사람들을 태우고

옥수수밭으로 들어가는 붉은 뱀처럼
막다른 세월 속에서
아주 진한 석양이 되고 있었다

지하철 정거장에서*

(나아지는 건 없다)

어떤 위험도 잊으면 안돼요
안내할게요

모두가 두려워한다는 게 이 숲의 매력이죠
증명해야 할 이유가 있나요?

우리는 최초일까요
아니면 최후일까요?

숲에선 털어놓지 마세요

숲에 사는 모든 것들은 위험해요
고요하거든요
그들의 무기예요
눈을 쳐다보지 마세요

모든 것들은 매일매일

운명이 바뀌어요
측백나무가 쓰러지듯
이 음(音)에서 저 음으로

숲에서
모두에게 좋은 일은 절대 없어요

이곳에서의 날들은 불행해요

이 숲에 드나드는 모든 것들은 결국
자기 자신을 체험해요

* 에즈라 파운드의 시.

베란다 텃밭

너무 가까운 고가도로가
그리고, 들켜버린 비관이
이 집을 팔리지 않게 했다.

아버지가 오래 키워온 것들은
사실은 위험한 것들이었다.

(내일도 영하일 거야)

우리 조상들 대부분은 무척이나 고독했을 것이다.

두 달이 지났는데도 레몬씨를 심은 화분에서 싹은 나오지 않았다.
(때가 아닌 거지)

다혈질의 아버지는 화분을 버리고 싶어 했다.
(절망한 사람들은 꼭 그런 식으로 도망치는 법이거든)

무엇 하나 되는 게 없었던 아버지는

자기만의 기도 속으로 도주하고
동생의 조절 장애는 점점 먼 곳을 향해 가고 있었다.

베란다 텃밭을 가꾸는 사람은
생보다 죽음의 냄새를 더 빨리 알아챈다.
(생각해보니 시들지 않은 건 없었어)

아버지의 얼굴이 처음으로 처음으로 사라지고 있었다.

베란다에서는 어떤 것도 잘 배치될 수 없다.
아버지는
집을 바꾸기로 결심했다.

스텝

가끔
눈물이 흐르고
그 눈물이 웅덩이를 만들지만

웅덩이를 피해
늘 그랬다는 듯
스텝을 밟는 게 생이다

눈물을 흘렸지만
다시 스텝을 밟는 것

눈물을 기억하지만
눈물에 발을 담그지는 않는 것
그런 게 생이다

내일 또
눈물이 흐르고
그 눈물도 고이겠지만

아무렇지도 않은 듯
가벼운 스텝으로
눈물 사이를 지나쳐 가는 것
사는 일이다

절반은 눈물 절반은 스텝

이별의 재해석

이별은 계절인가 아니면 색깔인가
그것도 아니면 공간인가
노래인가

아직도 알아내지 못했지만
지난겨울 날렸던 연이
예기치 못한 각도로
곤두박칠쳤던 것처럼
이별은
전면적이고 모든 것인 일

모든 설탕 덩어리들이
언젠가 물에 녹듯
긴 잠에서 깨어나면
이 세상이 아닌 것

사소한 일로 죽어갔던 사람들이 쓴
마지막 편지들을 읽는다
마지막이므로 다음을 말하지 못한다

하지만 그 말 속에 단서는 있다

그대여 내일을 살지 않을 거라면
오늘도 주지 마세요

손에 꽃나무의 죽은 모종을 들고 서 있었다

그날의 목격

작은 것이
전체를 엎드리게 하는 날이 있다

경광등 어지럽게 깜빡거리는 터널에서
고라니 한 마리
생의 마지막 울음을 울었다

운이 없었다

영혼 같은 게 하나 터널을 빠져나가다 고개를 돌린다
검은 캡슐에 갇힌 사람들이 영혼을 올려다본다

어떤 것도 반복되지 않고
어떤 것도 살아 돌아오지 않는다
모두 사실이니까
그게 맞는 거니까
어떤 일이 벌어지면
벌어진 일은 진실이니까

눈물을 흘리지는 않는다
죽음은 상태니까
감정은 아니니까

회오리바람이 몇 차례 터널을 지나갔다

예상치 못한 목격이었다
요구도 하지 않았는데 거부당한 느낌이 들었다

슬픔에 슬픔을 보탰다

수도원에서 도망쳤다

새벽 기도 시간
슬픔도 기쁨도 없던 그 시간들을 견디지 못했다

신을 대면하기엔
나는 단어를 너무 많이 알고 있었고……

짐을 싸들고 욕망이 쏠려 내려오듯
비탈길을 내려왔다

모든 걸 다해
단 몇 줄로 정리된 나를
바치고 싶었지만

반찬도 없이 식은 밥을 먹으며
구멍 난 수도복을 꿰매며
잊혀도 좋으니 거룩하고 싶다고
천 번을 되뇌었지만

그레고리안 음표가
안개처럼 흘러 다니는 산길을
버렸던 단어들을 하나씩 주워 담으며
내. 려. 왔. 다.

고통받는 삶의 형식이 필요했다

시를 쓰면서
슬픔에 슬픔을 보태거나
죽음에 죽음을 보태는 일을 했다

어떤 것들은 이름을 가졌다

사람들이 땅을 발견함으로써
자두나무를 발견했고
모든 결과는 자두가 되었다

염탐된 사상들이 담긴
서책에 대해서 생각했다

장서관 맨 위 칸 귀퉁이가 찢어진
그 서책은 놀라운 것이었다

엄마에 반발한 아이들이
줄지어
죽어갔던 날들의 기록이었다

익숙한 햇살이 땅을 비출 때마다
그림자는 이름을 가졌다

결국, 세상은 그림자였음을 안다

바라보면 눈멀게 되는 것들이 있다

성당 한쪽 담벼락에
섬망이 지나갔다

죽어갔지만
어떤 것들은 이름을 가졌다

무한 루프

월요일엔
나보다 스무 살쯤 어린 스님에게
살면서 놀라지 말라는 말을 들었고

화요일엔 백일홍을 심었다
수요일엔 내가 말린 견과류 같다는 생각을 했고
목요일엔 비밀을 누설했다
금요일엔 칠 층 병실에서 창문처럼 흔들렸고
토요일엔 딴생각을 하다 봄이 왔다
일요일엔 정물화처럼 앉아 밤을 샜다
그러므로 오늘은 다시 월요일

이 그저 그런 날들이 다 어디서 온 건지

나는 푸른빛으로 이 무한 루프 속을 행진한다

청력검사

1

모든 게 꿈이었으면 했다

사실 진지해지기 위해선
동시에 두 가지 일을 하면 안 되는데

(좀 어둡죠?
소리가 커지거나
작아지면 손으로 버튼을 누르세요)

귀에 신경 쓰다가 손을 잊고
손에 신경 쓰다가 귀를 잊고

2

요즘 누군가가 내 귀에 대고
나쁜 노래를 불렀던 게 분명해

소리가 사라지면

말도 없고 색깔도 없고
분노도 없는 것

심해를 헤엄치는 듯한
겸손이 나를 지배하는 시간

숨어 있는 멍 자국처럼
내 청력은 현실보다 몇 배는 어둡다

3

가정은 현실이 아니라지만

낙원을 꿈꾸는 나는
살아날 가망 없는
시든 과일을 따버리고 싶었다

해결되지 않을

무시무시한 질문을 만나고 온 날

소망 없는 나날

 전찻길 위에서 담배를 피워 문 아버지의 흑백사진을 봤다. 유전자의 한 촉수가 찌릿했고 화가 났다. 전쟁 전의 날들과 전쟁 후의 날들을 살았던 사람들의 인생을 생각했다. 부당한 세월이었지만 재미가 있었을 수도 있다.
 일주일 전에 옛 애인이 죽었다.

 나는 지진계처럼 예민해졌다. 병원에서 간호사의 말투 때문에 치료를 포기했고, 구내식당 테이블 끝 선이 어긋난 걸 보면서 압도적인 분노를 느꼈다.

 한 열흘 걸핏하면 소스라치게 놀랐다. 경악의 순간은 잠깐이지만 어느 틈에 내 혼을 조금씩 가져갔고, 지겹도록 회상했던 사건들이 인터뷰하듯 나를 몰아세웠다.

 큰맘 먹고 보냈던 택배가 반송됐고, 라이터의 파란 불꽃을 보면서 심장도 말도 다 꺼버리고 싶다는 생각을 했다. 바질을 가득 넣은 수프를 쏟았고, 내력처럼 따라다닌 불안 장애가 시작됐다.

파충류 같은 차가운 촉감에 길들여지고 있었다. 애인이 미치기 전에 내가 좀 따뜻했어야 했나.

날개를 떼어낸 잠자리를 물에 던지듯 나는 소망을 버렸다. 오늘 밤에는 수치가 기쁨보다 낫다는 생각을 했다. 일주일 전에 옛 애인이 죽었다.

이명

다섯 알의 알약을 털어 넣고

푸른 새벽
샛강을 건너 모래사장으로 갔다

안개들이 잔뜩 차오르고
대기는
무딘 칼에 잘린 빵처럼 푸석거렸다

어두운 강가에서
나는 무섭지만 무섭지 않다고 말했다
그 말이 다시 이명이 되어 돌아왔지만……

친해질 수 없는 소리들이 있다
진지해야 할 것은 소리가 아니라 처지였고

하느님을 믿지 않아도
하느님 소리가 나오듯

나는 오래전 돌아가신 어머니에게
요즈음의 불행을 고백하고 있었다

어머니가 내 이름을
반복적으로 부르는 듯했다
'바오로야'
그럴 때마다
내 이름이 가명처럼 들렸다

양쪽 손바닥을 내려다보며
슬픈 유전자에 착실하게 굴복했음을 인정하면서
오랫동안 강에 앉아 있었다

나는 새벽 내 내 안의 소리와
바깥의 소리들을 구분하느라
미간을 찡그렸다

첫 전철이 지나가는 소리가 들렸다

귀 안에서 굳은 소금 덩어리들이
어두운 한 연대를 덜컹거리며 지나가고 있었다

4부

스텔라

더 이상 가족사를
박해하지 않으려고 했어

어떤 씨도 뿌리지 않으려고 했고
위험한 관계의 무덤을 만들지 않았어
가끔 손가락을 베였을 때마다
내 피맛을 보면서 결심을 했지

그래서 늘상
내일이 없는 사랑을 했었지

그런데 내일은 정확히 왔고
시간도 돈도 책임도 얼마나 정확했던지

그런 것들까지 다 사랑이라고 말하는 사람들은
또 얼마나 많았던지
참기 힘들었지

그래서 점점 더 도망쳤었지

"그런데 아! 나는 지금 무슨 짓을 했는가?"

진공관 하나 장만해서
그 속에서 살고 싶었는데
진공관 하나쯤 갖는다고
애인에게 미안한 일은 아니었을 텐데

그런데 오늘 내게는
슬라임을 주물럭거리며
한 시간째 노래를 부르는 아이가 나타났어

아이의 노래 속에는 세상에 없던 형용사들이
순서 없이 등장하고

갑자기 아이는 울고
제정신이 돌아온 나는
세상 당연하다는 듯이 진공관을 걸어 나오고
그게 죽을 만큼 설레고

놀라운 일이 매일 생기고
나는 쌀을 씻고
색연필을 깎고
연을 날리고

신이 너를 조립하고 명명했지

어느 별에서 왔니?
스텔라야 너는

이끼 키우기

한번,
사랑한다는 말 하지 말아봐
다 주고 약해지면 남는 건 없어

대신 '사랑' 말고
필요한 것만 하는 거야
신념 같은 거 비웃으면서

그거 알아?
파도에 발 담그고 파도 그리워하기
이게 파도랑 가장 오래 노는 방법이야
절대 다 적시지 않는 거야
반 정도만 적시고
꼭 반을 남겨두어야 해

우리는 해가 질 때까지
점잖으면 되고
또
그게 식상하면

서로 영혼에 붙였던 파스도 떼어주고
삼십 년 된 아파트에서 자라나는 이끼에
물도 주고
양면테이프로
합의 사항 다시 붙이고

배달 음식 시키기 전에 너 먼저 씻어

알았지?
사랑한다는 말 하지 말아봐

이끼에 물 주자

한탄강

철길을 따라 걷고 있었다
여섯 살이었다
엄마는 돌림병에 걸렸고
미군 부대에 다니던 아버지는
나를 친구 집에 맡겼다
전기도 들어오지 않았고 밤이면 빈대가 물었다
물 말은 밥을 먹고 자리에 누우면
꿈속에서 오르골 소리가 들려왔다

넓고 넓은 바닷가에 오막살이 집 한 채

처음 맡겨졌을 때
나흘을 아무것도 안 먹고 버텼다
독한 놈 그러다 죽든 말든
지 어미가 살아와도 못 보겠네
죽는다는 말에
내 입보다 큰 놋수저를 들었다

매일매일 철길을 따라 기차역에 갔다가

풀이 죽어 돌아오곤 했다
동네 아이들에게 걸리면 서울 놈이라고
매를 맞았다

그럴 때마다 오르골 소리가 들렸다

고기 잡는 아버지와 철모르는 딸 있네

기계충 걸린 머리를
피가 나도록 긁다가 잠이 깨면
어느새 새벽 햇살이 내 얼굴에 들어와 있곤 했다
매일매일
사는 게 나을지 죽는 게 나을지를 생각했다
여섯 살이었다

내 사랑아 내 사랑아 나의 사랑 클레멘타인

오십 년이 지난 지금도
나는 묻는다
사는 게 나은지 죽는 게 나은지를

이미 너무 늦은 이야기

최후의 흰코뿔소와
최후의 구름표범
최후의 밍크고래

최후의 가시고기와
최후의 흑단나무
최후의 노랑붓꽃

최후의 모래 알갱이와
최후의 산호와
최후의 새 떼

최후의 썰물과
최후의 노을과
최후의 얼음
최후의 이끼

최후의 노래와
최후의 춤과

최후의 시(詩)

그리고
최후의 아기

이미 너무 늦은 이야기

기울어가는 생(生)

지하철역에서
앉아 잠든 사람을 보며
저 떨어지는 고개를 잡아주고 싶은데
똑바로 세워주고 싶은데
시대가 저물면 끌어 내려지는 동상처럼
서서히 기울어가는 저 머리를 세워주고 싶은데

구도가 망가지는 게 싫어서가 아니라
한 번도 이겨보지 못했을
저 남자의 생이 안타깝기 때문에
지금 기울면 다시 못 일어설 것 같은
저 남자의 생이
한 번만이라도 똑바로 서는 걸
보고 싶기 때문에

남자의 고개가 바닥으로 떨어지는 순간
남자의 생도 떨어질 텐데

나의 며칠은 힘들 것이고……

세상의 모든 가여운 머리를
기울어가는 머리들을
받쳐주고 싶다

불가능한 숲을
헤엄치고 있다는 느낌이 들었다

나이 든 여행

살기 싫다던
동행이 말했다
"나무들이 부러워"
난 대답했다
"낙엽도 부러워"

우리는 오래전에 식었다
뜨거워질 이유가 하나도 없을 때
생은 본얼굴을 드러내고

"그런 이야기 하지 말고, 즐기다 오자"
하지만 계획은 실패한다
저주할 것도 칭찬할 것도 어차피 다 서울에 있으니까

우리는 뼈만 남은 항구도시 사거리에서
간판들 앞을 서성이다
기껏 사발면을 샀다

펜션 앞 공원에서

밤늦도록 운동기구를 돌리는 사람들을 바라보며
사발면과 단무지를 먹었다

"저 항구에도 고기가 살까?"

이 나이가 되면
믿었던 이념들이 모두 촌극으로 변해가고
먹잇감 앞에선 아무 규칙도 없다는 걸 안다

점점 더 우리만 있으므로
우리가 잘 살았는지 못 살았는지 알 수도 없고

배들은 우리를 무시하고 나아가지만
우리는 아무렇지도 않고

습지생태보고서

1

마을에 흰 눈발이 날릴 때
나는 늘 부끄러웠다
백만 년 전쯤 사라진 꼬리를 다시 보여주는 느낌
내가 모르는 검은 나를 보여주는 기분

철길에서 노을이 납작하게 죽어갔다
온갖 나쁜 짓은 철길에서 다 했다

도주자가 되어
철길에게 물었다
어디가 동쪽 어디가 서쪽?
방향이 나를
은밀하게 울게 만드는 저녁이면
이 저지대도 언젠가는
그리울 거라고 말했다

점점 작아지던 시멘트 블록집은

학교 대신 동두천 술집으로 갔던 여자애들은

그다음은 알 수 없다

2

원수들이 한집에 살면서
조약돌을 쌓다가 허물고 다시 쌓고

블록집 마당에
감이 익으면
한 해는 떫고 한 해는 달았다

장화가 지나간 발자국엔 늦가을 비가
채워졌고
기름 무지개가 떴다

용기를 내어 앞집에서 말리는 생선을 가져다 먹었다

누구도 웃지 않았지만
그냥 넘어가는 날이 많았다

3

안녕하세요 원장님

당신은 사람들을 미치게 만들고
다시 보살피고
그러곤 과격하게 손을 씻고는
나에게
병에 잘 걸리는 뇌에 대해서
한참을 말했죠

나는 옆구리를 긁으며 당신의 이야기를
받침이 날아간 성의 없는 이야기들을
받아 적었어요

동네를 반으로 가르는 사이렌 소리가 들릴 때쯤
당신이 마을을 병들게 했다는 걸 알았죠
사람들이 아니라 습지가 문제였어요

나는 당신의 목을 치지 않고
마음에 두었던 병실 베개 하나를
훔쳐서 습지를 떠났죠

슬픈 주기 2

이슬비 오는 밤
변두리 놀이터
그네가 흔들린다

언제부터 그네를 그네라고 부를 수 있을까

기둥만 있을 때
쇠사슬만 있을 때
받침만 있을 때
우리는 그네를 그네라고 부를 수 없다

거시와 미시의 경계는 있다
우리가 그네를 그네라고 부를 수 있는 순간은 있다

흔들리는 순간
그네는 그네가 된다

그네 입장에서는 굳이 설명할 필요는 없다
흔들리면 되니까

이승에선 모든 게 오랫동안 흔들려왔으니까

진자의 한쪽 끝에는 잠자리가 있고
다른 쪽 끝에는
가로등이 있는데

진자 운동이 끝나고 나면
손실은 없다

그네가 다시 흔들린다
이승이다

생(生)을 모른 척하기로 한다

자전거는 지나가고 빗물은 떨어진다

알면 쓸쓸해지고 알면 상처받는 일들을
나는 애써 들여다보려 했었다

누가 졌는지 누가 이겼는지
굳이 알 필요도 없으면서
그걸 꼭 찾아봤다

맨홀로 달려가는 빗물의 고집을
뻔히 알면서도 그 끝을 보고 싶어 했고

레몬이 땅에 떨어져 다른 몸을 받는 게
당연한 줄 알면서도
괜히 상념에 잠겼다

그렇게 하루를 보내면
살고 싶다는 생각은
죽고 싶다는 결말로 변해 있곤 했다

오늘 지나쳤던
담장 밑에 장미가 떨어져 있는 것도
애당초 내 탓 같았다

누군가를 입관하는 밤에
개들만 깨어나 짖는 밤에
소독약 냄새를 맡으며 결심한다

이제
나를 위해
장미를 위해 모른 척하기로 한다

해오던 일을 여전히 하는 생명들을
그냥 모른 척하기로 한다

파도는 아이를 살려둔다
── 스텔라

(아이는 바닷가에서 태어났고
바닷가에 남겨졌다)

달려드는 파도를 피해
아이가 모래톱을 뛰어간다

파도는 끝 선을 넘을 듯 넘을 듯 하면서
결국 아이를 놓아준다

아이는 파도를 믿고
파도는 아이를 살려둔다

둘은 그렇게 몇 시간을 논다

지친 아이는 조개껍질을 손에 쥐고
잠이 든다

나는 그것을 본다
세상의 모든 여름이었고

말할 수 없이 기뻤다

나의 전부가 나를 버려도 좋았다

아이는 나를 살려둔다

두근거리고 싶은 것이다

환희의 기억이 별반 없는 나는
주로 밤이면 내가 살아온 길을
신랄하게 아파했다

그런 날이면
일찍 죽은 자들이
지금쯤 다시 살아났을 거라고 생각하고
심지어 성의 있게 이름을 불러보곤 했다

어머니, 누님
구자 이모 아랑 삼촌
명환이 문성이

따지고 보면
이건 나를 부르는 소리다
죽을 만큼 아픈 나를 돌려세우고
살아나서 무언가 새로 켜기를 기대하는 것
끄지 말고 켜기를

사실 열매가 떨어지는 것도
그 열매에서 다시 싹이 나오는 것도 다
꺼진 것들을 켜는 일
두근거리는 일

나는 지속되고 싶은 게 아니라
두근거리고 싶은 것이다

작약과 공터 2

미친 사람을 그냥 놔두었다
같이 도망가자고
공터가 다 쩌렁쩌렁 울리도록
소리 지르던 사람을
그냥 놔두었다
미쳐서 깨끗했던 그 사람을 그냥 놔두었다

작약이 서 있던 공터에서
영혼을 나눈 사람이
녹아내리는 걸 그냥 보고 있었다

고딕 현수막들이 흔들리던 공터
영리한 검은 머리 아이들이 뛰어다니고
밝았다 어두워지는
하늘 끝에

늘 궁금했던 인생이라는 것이
언뜻 보이다 말았다

공터 한쪽엔 작은 수도원이 있었고
천사상이 있었다
천사는 앞에서 보면 천사였지만
옆에서 보면 슬픔이 짙었다

도망가지 못했다
새들이 인도했지만
나의 피는 느리고 흐렸다

공터에선
당신의 아름다운 나라와
내 끔찍한 나라가
불온하게 빛나고 있었다

세상에는 이상한 공터가 있어서
마음을 멍하게 하는 공터가 있어서
작약이 있어서

풍경과 호수

강으로 갈까 숲으로 갈까
우리는 최초일까 최후일까

지나갈 건 지나가는 법이고
우리는
형편없지는 않으니까

사람들은 누구나 최선을 다해 아프고
많이 울고 나면
통증이 좀 덜하고 많이 걸을 수 있으니까

나이 들면 왜 그렇게
밤에 멀리들 가는지
새벽에 죽은 사람들만이 알겠지

사실 기쁨이라는 게 케이크에 꽂는
가느다란 양초보다도 짧고
잘 살라고 만들어 준 오늘을 우리는
여전히 잘 못 살고

호수여! 그렇게 깊어서 무엇을 할 수 있겠니

죽음 몇 개 호수가 가져갈 테고
호수의 시간은 천천히 흔들린다

누명을 풀지 못한 물고기 떼는
자꾸만 튀어 오르고

호수에서 죽은 사람들은 엎드린 채 떠오른다
사는 게 너무 길어서
부끄러워서
사람들은 엎드려 죽는다

그러곤
풍경 이전의 풍경이 된다

Y의 해변

(타인들과 나누고 싶지 않은 것들이 있다)
Y는 하루가 차갑고 현명했다고 생각했다.
해가 질 무렵이었고
바다에서는 소녀들이 까르르대며 모래사장을 뛰어다녔고
상인들은 물끄러미 지는 해를 바라보았다.
확실하게 살고 싶거나 죽고 싶거나 한
그런 풍경은 아니었다.
그저 해변이었다.
Y는 커피를 마시며
사선으로 난 파라솔의 긴 그림자가
조금씩 오른쪽으로 움직일 때마다
어떤 노래의 첫 구절을
휘파람으로 불었다.
잠시 후 자리에서 일어난 Y는
주차된 차들 유리창에 비친
자기 모습을 보면서
슬프지만 신이 난 듯한 걸음걸이로
생선 굽는 냄새가 가득한 상가에 들어섰다.

좁은 길을 무용수처럼 걸으며
기쁨과 슬픔이 흘러다니는
이 해변 마을의 밸런스에 대해 생각했다.
11월의 바다는 Y에게
의미심장하지는 않았지만 사실이었고
감각이었다.
아직 끝나지 않은 것.
관리되지 않는 것.
해변에서 Y는 할 수 없는 이야기를 파묻었다.

실루엣만 그려진 채 팔려 나가는
색칠 놀이 그림책처럼
Y가 있었다.

타버린 나비

별에 대해 뭔가 쓴다는 건
어떤 긴 사연들과 대결하는 것을 의미한다

스스로 빛나서 외로워진 일들

세상은 울고 별은 뜬다
눈물이 말라서 기체가 되어버린 나비를 안다
스스로 타버린 나비

한 일이 아니라
하지 않은 일이 운명을 바꿀까 봐

유리한 것이 불리한 것이 될 때까지
나비는 또 별빛을 향해 날아오른다

울어서야 비로소 깨끗해지는 하늘

별은 어디론가 나비를 자꾸 데려갔다

별은 헌신을 받아주지만
답을 해주진 않는다

희미해진 별자리를 따라 날아올랐다

타버린 나비에게만 보였던 별이 있다

발문

나비처럼 패배하는 슬픔의 챔피언

유선혜
(시인)

 허연의 시를 사랑하게 된 것은 전적으로 권의 탓이었다. 권과 내가 함께 시를 읽던 때, 우리는 막 스무 살을 통과하고 있었다. 스무 살의 무한한 가능성을 약속받고 자란 우리는 그것이 완벽한 거짓말이었다는 사실을 깨닫는 중이었다. 권은 대체로 어두운 표정으로 학교에 다녔고 그건 나도 마찬가지였다. 우리에게 가능한 건 삐딱한 유머와 허무주의뿐이었던 것 같다. 허연의 시에는 그 모든 것이 있었다. 시를 읽을 때만은 우리가 무언가 빛나는 것을 손에 쥐고 있다고 생각했다. 그게 반짝이는 미래든 깨진 소주병 조각이든 간에. 어쨌든 빛난다는 것이 중요했다.
 우리는 허연을 인용하기를 즐겼다. "선혜야, 그러게 불타는 자동차에서 얼른 내리라고 했잖아." 권의 레퍼토리였다. 그때 우리는 술을 아주 많이 마셨고 우리가 불행하다고 여겼다. 권은 동성의 연인과 헤어지는 중이었고, 나는 사랑 따위는 불가능하다는 이상한 예감에 사로잡혀 있었다. 어쨌든 우리는 '불온한 검은 피'가 우리의 혈관에 흐르고 있다고 믿었고, 바보 같은 천사를 원했고, 옛 연인이 제발 노래가 되기를 빌었다.

그러나 우리의 인용에는 연구 윤리가 없었다. 평론가가 아니었으므로 시인과 화자를 구분하지 않았다. 논문을 쓰는 것도 아니었으니 출처를 밝힐 필요도 없었다. 그렇다고 해서 세심한 독자인 것도 아니었다. 우리는 허연의 문장을 철저히 우리의 이야기로 읽었다. 그때 우리는 많은 것을 혼동했다. 허연을 베껴 쓰고 싶었다. 표절하고 싶었다. 권과 함께 허연을 인용하던 날들에는 다만 우리가 허연처럼 이별하고, 허연처럼 슬퍼하고, 허연처럼 시인이기를 바랐다.

*

허연은 어쩐지 조금 달라졌다. 그는 박형준 시인과의 서면 인터뷰에서 첫 시집을 쏠 때 "세상의 옆구리를 한번 찌르는 심정으로" 손에 깨진 "소주병을" 쥐고 있었다고 말했다. 이제 허연은 "빵칼을 들고 세상에 덤비는 심정으로/빗속에 서 있"다. 이 구절이 등장하는 시 「슬퍼서 숨을 때는 빗속에 숨는 거야」에서 시인은 "힘은 없지만/난생처음 뭔가가 된" 포자를 바라보며 그것이 "장마 덕분이"라고 말한다. 그는 장마가 "충분하지 않은 것"임을 이미 안다. 불충분한 것으로 "하루하루를 견"디는 일은 쉽게 휘어지는 빵칼을 들고 세상에 맞서는 일만큼이나 어렵고, 막막할 것이다. 그것은 패배가 예정된 라운드인 것이다. 그는 소주병을 빵칼로 바꿔 든 것이 아니라, 자신이 들고 있던 것이 원래부터 쉽게 구부러지는 플라스틱이었다는 사실을 알게 된 것인지도 모른다. 날카롭고 시퍼런 유리가 아니라 탁하고 무용한 무기를 꽉 쥐면서.

*

 별의 일생에 대해 배운 적이 있다. 그 수업에서 초신성은 이름과 달리 새롭게 태어난 별이 아니라는 사실을 알게 되었다. '초신성'은 별이 죽음을 맞이하는 순간을 의미했다. 수명을 다한 별이 폭발할 때 은하 전체의 별을 합친 것보다 많은 빛을 내기 때문에, 그 과할 정도로 밝은 빛이 마치 새로운 별이 탄생하는 것처럼 보일 뿐이었다. 초신성 폭발 이후 죽은 별에게는 두 가지 길이 마련되어 있었다. 중성자별 혹은 블랙홀. 우리가 알고 있는 천체 중에 가장 높은 밀도를 가지고 있는 것이 중성자별이다. 엄청난 빛을 양옆으로 내뿜으며 빠르게 회전한다. 그러나 어떤 한계를 넘어선 별은 블랙홀이 된다. 우주에서 가장 빠른 빛조차

가두는 중력. 안쪽으로, 안쪽으로만 파고드는 어둠.

  그 당시 나는 무미건조한 과학적 지식을 인간사에 대한 비유로 이해하는 것을 즐겼다. 초신성 폭발이라는 별의 종말이 모든 존재의 운명과 같다면, 중성자별과 블랙홀은 운명론에 답하는 인간의 두 가지 태도와 같다고 생각했다. 단단하게 압축된 믿음과 낙관주의가 한쪽에서 빛을 뿜으며 회전할 때, 다른 한쪽에서는 검은 블랙홀처럼 허무주의가 모든 걸 빨아들이고 있다고. 인간은 허무하기 때문에 신을 믿거나 신을 의심하니까. 우주의 종말에 대해 생각하는 일은 기묘한 위안과 떨칠 수 없는 허무를 함께 선사했다. 우주는 영원히 팽창하며, 심지어 그 팽창은 점점 빨라지고 있기에 모든 것은 서로 멀어진다. 그리고 모조리 사라질 것이다. 이런 결말을 상상하면 인생의 잡다한 문제들이 아무것도 아닌 일처럼 느껴져서 안심이 되었다. 동시에 이 모든 게 아무런 의미도 없다는 생각에 참을 수 없이 슬퍼졌다.

  "올 것은 반드시 오고/죽을 것은 반드시 죽는다"(「계절감」)는 운명론은 이제 허연 시의 대전제로 자리 잡은 것 같다. 종말이라는 필연적 운명을 대하는 그의 태도는 물론 블랙홀 쪽에 가깝다. 검고 불온한 허무 말이다. '허무주의자'는 그의 이름 앞에 붙은 자연스러운 수식어가 된 것도 같다. 그런데 나는 그의 허무주의가 어쩐지 조금 달라졌다는 생각을 지울 수 없었다. "도저히/받아들일 수 없었던 미학들이/받아들여지는 순간이 온"(「나는 종탑처럼 혼자였다」) 것처럼, 사상이나 이념을 넘어 도저히 납득할 수 없었던 운명마저 받아들이게 되는 순간이 온 것인지도 몰랐다. 「판교」에서 시인은 아버지가 "취해서 불렀던 노래들은 다 어디로 가"는지, "그대가 죽고 내가 살아서 그 노래들을 부를" 것인지 묻고 있다. 아버지가 되는 상상을 하는 일을 "혐오스럽게"[「철로변 비가(悲歌)」, 『불온한 검은 피』, 민음사, 2014; 세계사, 1995] 여겼던 시인은 이제 그것이 예정된 수순이라도 되는 듯이, 그냥 일이 그렇게 되어버렸다는 듯이 아버지 이야기를 꺼내는 것이다. 아버지가 어린 시절 손에 쥐여준 "칫솔대로 깎은 성모상을" 물려받은 자신이 "칫솔대에 성모상을 새기기 시작할지도 모르"겠다는 진술은 어렴풋한 추측을 넘어 담담한 체념에 가까운 것 같기도 하다. 그것은 자신의 "세포 하나하나에 새겨진/극한의 세밀화"[「사경(寫經)」]의 존재에 대한 인정일 수도, 자신의 혈통을 납득하는 지리멸렬한 과정의 결과물일 수도 있다.

이런 방식의 체념은 허무주의자가 밟게 되는 당연한 절차일지도 모른다. 그냥 그렇게 되어버렸다는 사실을 받아들이기. 그토록 불길한 운명이 기어이 실현되는 것을 목격할 때 인간이 취할 수 있는 가장 간결한 태도가 아닐까. 그러나 허연이 보여주는 허무주의자의 체념은 단순히 포기하는 일과는 사뭇 다르다는 것을 기억할 필요가 있다.

이제 그는 책임을 진다.

    진저리가 날 만큼
    벌어질 일은 반드시 벌어진다

    작약은 피었다

    갈빗집 뒤편 숨은 공터
    죽은 참새 사체 옆

    나는
    살아서 작약을 본다

    어떨 때 보면, 작약은
    목매 자살한 여자이거나
    불가능한 목적지를 바라보는
    슬픈 태도 같다

    아이의 허기만큼이나 빠르게 왔다 사라지는 계절

    작약은
    울먹거림
    알아듣기 힘들지만 정확한 말

살아서 작약을 보고 있다
작약에는 잔인 속의 고요가 있고
고요를 알아채는 게 나의 재능이라서

책임을 진다

공터 밖으로 전해지면 너무나 평범해져버리는 고요 때문에

작약과 나는
가지고 있던 것들을 여기 내려놓았다

작약을 가만히 들여다본다

슬프고 수줍어서 한층 더 작약이었다

——「작약과 공터」 전문

 "벌어질 일은 반드시 벌어"지는 운명론은 이제 "진저리가" 나는 것이다. 작약이 피는 일도, 참새가 죽음을 맞이하는 일도 반드시 벌어지는 사건에 속한다. 작약은 '나'와 다르기도 하고 비슷하기도 하다. 자살한 여자 같다는 점

에서 작약은 살아 있는 '나'와 반대이지만, "불가능한 목적지를 바라보는/슬픈 태도"를 공유한다. 시인은 "아이의 허기만큼이나 빠르게" 지나가는 계절의 허무함을 감각하면서도, 이제 그 속의 "울먹거림"을 듣고자 한다. 아이의 허기는 곧 사라진다고 해도, 울먹거림이라는 "정확한 말"은 이곳에 존재하니까. 그 알아듣기 힘든 "잔인 속의 고요"를 알아채는 재능을 가진 시인은 이제 "책임을 진다".

  책임을 진다니? "누가 더 오래 살까?"라는 질문에 "융자받은 집이"라 냉소적으로 답하던 그가, "빼다 박은 아이 따위 꿈꾸지 않기"라는 당부 혹은 다짐을 하던 그가(「당신은 언제 노래가 되지」,『당신은 언제 노래가 되지』, 문학과지성사, 2020) 이제 책임을 지려고 서 있다. 그의 재능을 발휘할 수 있는 공터에 모든 것을 내려놓으면서. 밖으로 나가면 "너무나 평범해져버리는 고요"를, 부끄러워하는 작약의 "울먹거림"을 알아채기 위해 그는 공터에 서 있었다. 나는 그런 허연이 낯설었다.

*

  솔직히 말하자면, 나는 허연이 나쁘다고 생각해본 적이 없다. '시정잡배' 혹은 '악마'라는 단어들로 한사코 자신의 '나쁨'을 증명하려는 그의 윤리의식은 오히려 작은 얼룩에도 절망하는 결벽증과 닮아 있었다. 어쩌면 책임지려는 태도의 이면에도 이런 식의 죄의식이 깔려 있을지도 모른다. 책임을 진다는 건, 잘못을 저질렀다는 거니까. 속죄할 의무가 있다는 거니까. 그러니까 그는 모두가 깨끗하다고 말하는 방이 너무 끔찍하고 더럽게 느껴져서 하염없이 청소를 하는 사람 같았다. 그 지극히 주관적인 오염에 대한 감각과 결코 달성될 수 없는 완벽주의. 심지어 강박적으로 느껴지기까지 하는 선과 악에 대한 관념이 어디에서 발원한 것인지 늘 궁금했다.

이러한 의문은 시인의 개인사를 알게 되면서 어느 정도 해결이 되었다. 그는 어린 시절부터 꿈꿔온 사제가 되려 했지만, 결국 수도원에서 도망쳤다고 한다. 그것은 신을 배신하는 일이기도 하지만, 동시에 자신이 사제가 될 것이라 굳게 믿고 있었던 가족의 기대와 자신의 유년 시절을 통째로 배신하는 일이기도 했던 것 같다. 그에게 선함이란 신과 천사에게 속한 것이고, 인간이 도달할 수 없는 완전무결함인 것 같았다. '선'이란 자신이 속할 수 없는 세계에만 존재하였으므로, 그는 나쁠 수밖에 없었다.

그는 더 나빠졌다. 시를 썼기 때문이다. "쓸 수 있는 단어들이 줄어드는 걸 보면 천국은 분명히 있다"(「Heaven」)는 문장은 천국에는 단어 따위는 존재하지 않는다는 의미로도 읽힌다. 자전적인 경험이 녹아든 시 「슬픔에 슬픔을 보냈다」에서 그는 신에게 "단 몇 줄로 정리된 나를/바치고 싶었지만" "신을 대면하기엔/나는 단어를 너무 많이 알고 있었"다고 고백한다. 그는 "욕망이 쏠려 내려오듯" 산에서 내려갔고, 그렇게 "수도원에서 도망쳤다". 언어가 없는 천국으로부터 그는 너무 멀리 떨어져 있었다. 그렇게 죄인이 된 그에게는 "고통받는 삶의 형식"이 필요했고, 그것은 시였다. 단어는 곧 죄였으니, 그는 시를 쓰는 한 나빴다.

*

  허연은 나쁜 만큼이나 슬프다. "시를 쓰면서/슬픔에 슬픔을 보태거나/죽음에 죽음을 보태는 일을 했다"(「슬픔에 슬픔을 보탰다」)고 말하는 그는 점점 나빠지는 동시에 점점 슬퍼졌다. 슬픔은 강물처럼 불어나고 장마처럼 계속된다. 또 하나의 의문이 생긴다. 이 주체할 수 없는 슬픔은 어디에서 오는 것일까. 시인은 새와 함께 날아가는 "사소한 슬픔"을 바라보며 "너에게는 시시한 기분은 없다"(「숯」)고 단언한다. 사소한 것을 시시하지 않다고 여기는 바로 이 지점에서부터 그의 모든 슬픔이 시작된다는 생각이 들었다. 그러니까, 허연은 거시 세계와 미시 세계를 늘 동시에 살피므로 슬프다.

      언제부터 그네를 그네라고 부를 수 있을까

기둥만 있을 때
　　쇠사슬만 있을 때
　　받침만 있을 때
　　우리는 그네를 그네라고 부를 수 없다

　　거시와 미시의 경계는 있다
　　우리가 그네를 그네라고 부를 수 있는 순간은 있다

　　흔들리는 순간
　　그네는 그네가 된다

　　[……]

　　그네가 다시 흔들린다
　　이승이다

　　　　　　　　　　　　　—「슬픈 주기 2」 부분

  시인은 "거시와 미시의 경계"가 있다는 것을 알지만, 그네를 응시하는 동안 두 세계를 동시에 인식한다. "기둥" "쇠사슬" "받침"과 같은 미시적인 것들이 모여 전체로서의 그네가 되는 순간을 바라보는 것이다. 그 경계에서 그네는 흔들린다. 그네가 흔들릴 때야 비로소 "그네를 그네라고 부를 수 있"다면, 그러니까 흔들릴 때만 어떤 존재에 이름을 부여할 수 있다면, 아마 그것은 단어가 없는 천국과는 멀어지는 순간이 아닐까. 그리하여 '슬픈 주기'로 흔들리는 이곳은 "이승"이며, 삶이다.

거시 세계와 미시 세계를 '성과 속' 혹은 '선과 악'이라는 뻔한 이분법으로 나누고자 하는 것은 아니다. 중요한 사실은 전혀 다른 물리법칙의 지배를 받는 두 세계를 동시에 인식하는 시인의 능력이 그를 슬픈 사람으로 만든다는 것이다. "사실 진지해지기 위해선/동시에 두 가지 일을 하면 안"(「청력검사」) 된다는 사실을 시인은 잘 알고 있다. 이때 진지하다는 것은 청력 검사를 할 때 들리는 아주 작은 기계음을 들은 후에 버튼을 누르는 일과 같이 사소한 일상에 몰두하는 것이다.

그러나 허연은 여전히 두 세계를 왕복한다. 마치 수도원과 시 사이에서 서성이는 진자처럼. 「그날의 목격」에서 '나'는 "작은 것이/전체를 엎드리게 하는 날"을 반추한다. 터널에서 죽음을 맞이한 고라니의 울음에서 시인은 "어떤 것도 반복되지 않고/어떤 것도 살아 돌아오지 않는다"는 허무한 운명을 감각한다. 이 차가운 진술은 거시 세계의 법칙에 가깝다. 그러나 한편으로 그 당연한 죽음이 '나'가 달리고 있던 도로로 끼어들었을 때, 그것은 "예상치 못한 목격"일 수밖에 없다. 거시 세계의 순리는 미시 세계에서는 비극이 된다. 모든 것이 사라진다는 우주의 법칙을 누구보다 잘 안다고 해도, 개별적인 죽음이 일상에 달려들 때 그것은 절대 시시한 것일 수 없다. 이 경계에서 흔들리고 있는 시인은 "요구도 하지 않았는데 거부당한 느낌"을 받는다. 아마도 하염없는 슬픔에 가까울 그 느낌을.

*

하지만 "슬픔에도 기술이 있다"(「계절감」). 이 기술에 관해서라면 허연은 "슬픈 챔피언"이자 슬픔의 챔피언이다. 「스텝」에서 링 위의 시인은 이미 "아무렇지도 않은 듯/가벼운 스텝으로/눈물 사이를 지나쳐 가는" 방법을 알고 있다. 그의 움직임은 "절반은 눈물"로, 나머지 "절반은 스텝"으로 이루어져 있다. 이 스텝은 스포츠 댄스의 경쾌한 리듬을 따르지 않는다. 펀치력을 위해 양발을 어깨너비만큼 벌리고 뛰는 복싱의 풋워크와도 다르다. 차라리 늙은 가수가 부르는 철 지난 유행가에 맞춰 비틀대는 취객의 움직임과 비슷할지도 모른다. 아무렇지도 않은 것처럼 눈물 사이를 지나쳐 가려면 소주가 필요한 것도 같다. 어쨌든 그것이 살아남는 기술이자 "사는 일이다".

허연과 '챔피언'이라는 단어는 전혀 어울리지 않는다는 사실을 나도 잘 알고 있다. 싸우고, 이기고, 쟁취하고, 포효하는 근육질의 마초는 우리가 익히 알고 있던 창백한 '나쁜 소년'의 모습과 거리가 멀다. 그러나 '슬픔의 챔피언'

이라면 이야기가 다르다. 이에 관해 일러두어야 할 사항이 두 가지 있다. 먼저, 슬픔의 챔피언은 혼자라는 사실이다. 그에게는 라이벌도, 도전자도 없다. 그는 링 위에 덩그러니 혼자 서 있을 뿐이다. 그의 스텝은 공격적이지 않다. 때려야 할 상대가 없으니까. 어차피 절반이 눈물이니까. 허공에 잽을 날리지만 흔들리는 건 자신의 몸이다. 두번째는, 슬픔의 챔피언은 패배자라는 사실이다. 「심장에 대해 말하기―시작법(詩作法)」에서 그는 "내 전쟁이/압도적 슬픔에도 불구하고/승리하지 않을 것이라는 사실을" 안다고 말한다. "눈물 사이를 빠져나온 내 스텝이/전선을 향해" 갈 때, 이미 그의 패배는 예정되어 있다. 그는 혼자이기 때문에, 그를 승리자로 만들어줄 패배자가 링 위에 없기 때문에. 그가 자란 동네는 "패배한 자에게만 말을 시"키는 곳이므로, 슬픔의 챔피언은 시인이 될 운명이었는지도 모른다. 그의 시작법은 "틀림없이/심장에 관하여 말할 것이라는 사실을/약속"하는 것이다. 심장에 관해 씀으로써, 슬픔의 챔피언은 "무책임한 전쟁터에"서 자신의 패배에 책임을 지는 유일한 사람이 된다. 비틀비틀 스텝을 밟으며.

*

허연이 "내 시는 나만의 공화국에서 일어나는 일일 뿐이다"[『내가 원하는 천사』(문학과지성사, 2012) 뒤표지 글]라고 쓴 이래로, 이 명제는 그의 시를 이해하기 위해 꼭 필요한 공리의 일종으로 받아들여져왔다. 사실 나에게는 '공화국'이라는 단어 자체가 낯설었다. 공화정, 하면 고대의 로마가 먼저 떠올랐고, 뒤이어 공화국의 이름을 내세우는 가깝고 먼 독재국가들이 떠올랐으며, 마지막으로는 드라마 〈제5공화국〉이 생각났다. 흐릿하고 모호한 공화국의 이미지를 뒤로하고, 나는 허연의 공화국이 가진 구체적인 풍경을 상상하려 애쓰고는 했다. 흔히 공화국은 '국민이 주권을 가지고 통치하는 정치체제'라 정의된다. 그는 공화국의 유일한 구성원이었으며, 그곳의 유일한 주권자이다. 그러나 그가 공화국의 통치자라는 생각은 전혀 들지 않았다. 혼자만의 의회에 '법'처럼 서 있던 나쁜 소년은 그곳의 슬픔을 휘두르지 못한다. 그런 의미에서 허연의 공화국은 독재국가는 아니었다. 허연은 '공화국'의 이름으로 모든 것을 장악하고 통제하는 기만적인 독재자가 아니었으므로. 내가 상상한 허연의 공화국은 차라리 눈물의 다수결에 휘둘리는 슬픈 민주공화국에 가까웠다. 그리고 그 공화국의 영토는 '공터'일 것이 분명했다.

> 미친 사람을 그냥 놔두었다
> 같이 도망가자고
> 공터가 다 쩌렁쩌렁 울리도록
> 소리 지르던 사람을

그냥 놔두었다
미쳐서 깨끗했던 그 사람을 그냥 놔두었다

작약이 서 있던 공터에서
영혼을 나눈 사람이
녹아내리는 걸 그냥 보고 있었다

고딕 현수막들이 흔들리던 공터
영리한 검은 머리 아이들이 뛰어다니고
밝았다 어두워지는
하늘 끝에

늘 궁금했던 인생이라는 것이
언뜻 보이다 말았다

공터 한쪽엔 작은 수도원이 있었고
천사상이 있었다
천사는 앞에서 보면 천사였지만
옆에서 보면 슬픔이 짙었다

도망가지 못했다
새들이 인도했지만
나의 피는 느리고 흘렀다

공터에선

당신의 아름다운 나라와

내 끔찍한 나라가

불온하게 빛나고 있었다

세상에는 이상한 공터가 있어서

마음을 멍하게 하는 공터가 있어서

작약이 있어서

—「작약과 공터 2」 전문

 그가 원래부터 공터에 혼자 남겨져 있었던 것은 아니다. 공터에는 "미쳐서 깨끗했던 그 사람"이 함께 있었다. '나'는 그 사람과 "영혼을 나눈" 사이지만 함께 "도망가자"는 말에 응하지 못했고 이제 그 사람이 "녹아내리는" 것을 그냥 바라볼 뿐이다. 그냥 내버려둘 뿐이다. "그냥"이라는 부사어에서 느껴지는 체념과 어쩔 수 없음은 공터의 풍경으로 이어진다. 공터에서는 늘 인생이 보이다가 말고, 천사의 옆모습은 슬픈 표정을 하고 있다.

 시인은 그런 공터에서 "도망가지 못했"고 여전히 공터에 사로잡혀 있다. 그곳에는 "당신의 아름다운 나라와/내 끔찍한 나라가/불온하게 빛나"던 적이 있었지만, 그것은 과거형 종결어미로 마무리되는 추억에 불과하다. 이제 "이상한" "마음을 멍하게 하는" 공터에는 단 하나의 공화국만이 존재하는 것 같다. 아름다운 나라는 멸망하고, 이제 공터는 패배가 예정되어 있지만 결코 도망칠 수 없는 슬픔의 링, 텅 비어 있는 링으로 변한다. 시인은 그 공터에 홀로 서 있다. 그러므로 허연의 공화국이 공터에서 벌이는 싸움은 언제나 내전이다. 아마 그것은 자기 자신을 견디는 일일지도 모른다.

*

그가 어딘가 달라졌다는 사실을 말하기 위해 지나치게 돌아왔는지도 모르겠다. "천국은 없다"(「천국은 없다」, 『내가 원하는 천사』)고 단언하던 그가 이제 "천국은 있다"(「Heaven」)고 이야기하는데 말이다. 설령 이 변화가 표면적인 것에 불과할지라도. 분명 그는 달라졌다. '없다'와 '있다'만큼 멀리 떨어진 단어는 존재하지 않으니까. 그러나 여전히 변함없는 구절이 여기에 있다.

잊지 않고 흐르는 것들에게 고함

그래도 내가 노을 속 나비라는 생각

허연의 첫 시집 『불온한 검은 피』에 수록된 시 「내가 나비라는 생각」의 마지막 두 행이다. 동시에 여섯번째 시집 『작약과 공터』에 실린 '시인의 말'이기도 하다. 이 구절이 처음 씌어진 시점부터 다시 '시인의 말'로 적히기까지, 그 사이에 30년의 시간이 있다는 사실이 너무나 아득하게 느껴진다. 깨진 소주병이 "빵칼"이 되고, 천국에 대한 진술이 갱신되는 동안, 그래도 내가 여전히 나비라고 생각해보는 마음을 상상하기 힘들다. 그건 너무 슬픈 일이니까. 이제 그는 "타버린 나비"에 대해 노래하고 있었으니까.

「타버린 나비」에서 시인은 "눈물이 말라서 기체가 되어버"렸지만 "또 별빛을 향해 날아오"르는 "스스로 타버린 나비"에 대해 이야기한다. 그 나비가 애써 날아오를수록 "유리한 것"은 "불리한 것"으로 바뀌고, 별은 나비를 데리고 가면서도 결코 그 헌신에 "답을 해주진 않는다". 그러니까 별을 향한 나비의 몸짓은 '마지막 비행'이며 그 일방통행은 일종의 자살과도 같다. 그렇다면 "노을 속 나비"와 "타버린 나비"는 얼마나 다를까. 별빛은 그냥 불구덩이에서 튀어 오르는 파편에 불과할까. 노을 속의 나비는 사실 불구덩이로 뛰어드는 나비였던 걸까. 나비는 자신이 노을이 아니라 죽음을 향해 날아들고 있다는 걸 뒤늦게 알게 된 걸까. 그 둘은 얼마나 비슷할까. 아니면 나비는 온몸이 불타는 고통의 장소를 노을 속이라고 애써 생각해보려는 걸까. 그것도 아니라면 노을이나 죽음이나 별반 다를 것이 없다고 단념하는 걸까.

 글쎄, 무엇이든 좋다. 그가 여전히 나비라면, 진짜로 중요한 것은 나비만이 볼 수 있었던 그 별의 존재니까. 타버릴 것을 알면서도 그를 날아오르게 했던 '별' 말이다. '스텔라Stella'는 별을 의미하는 라틴어다. 그리고 그것은 시인의 앞에 나타난 한 아이의 이름이 된다. 「스텔라」에서 시인은 "위험한 관계" 그 자체였던 자신의 가족사를 반복하지 않기 위해 "진공관" 속으로 "점점 더 도망쳤었"다. 그런 그가 한 아이를 만난다. 아이는 "세상에 없던 형용사들이" 등장하는 노래를 부르고, 울고, 시인은 그 아이를 위해 진공관 밖으로 걸어 나온다. "쌀을 씻고/색연필을 깎고/연을 날리"는 사소한 일들이 "놀라운 일"이 되고, "그게 죽을 만큼 설렌다고" 고백하는 시인은 마지막 행에서 다음과 같이 묻는다. "어느 별에서 왔니?/스텔라야 너는".

 나는 이런 물음을 던지는 허연이 낙관주의자가 되었다고는 결코 생각하지 않는다. 허연은 빛나는 모든 것이 별이라고 믿지 않을 것이다. 어떤 빛은 곧 블랙홀이 되어버릴 수도 있다는 허무한 사실을 모르지 않을 것이다. "아이는 나를 살려둔다"(「파도는 아이를 살려둔다—스텔라」)라는 말 속에는 여전히 아이가 없었다면 삶이 지속되지 않았을지도 모른다는 짙은 허무주의가 깔려 있다. "별을 올려다보면 이상하게/슬픔에 이름을 붙일 수 있을 것 같았다"(「산을 넘는 소년」)고 말하는 그는 여전히 슬픈 소년이

기도 하다. 하지만 그에게는 '별'이라 이름 붙인 아이가 있다. 당연하게도 아이가 모든 슬픔을 해결해줄 수는 없다. 그러나 아이는 나의 목숨을 부지해준다. 허연은 이제 책임을 진다고 말했다. 책임을 지려는 사람은 응답받지 못하는 헌신이 주는 기묘한 위안을 느낄 권리가 있다. 미치도록 즐겁고 설레는 마지막 비행은 별을 꿈꾸는 허무주의자의 특권이니까.

*

 허연이 한 권의 시집을 완성하는 동안, 권과 나도 변했다. 우리는 졸업을 했고 이제 소주라면 지긋지긋했다. 권은 담배를 끊었고 변호사가 되었다. 나는 수면제를 끊었고 시를 쓴다. 잠들기 전마다 나를 괴롭혔던 무의미에 대한 망상도 잦아들었다. 솔직히 이야기하자면, 내가 변했기 때문에 나는 허연이 변했다고 주장해야만 했는지도 모른다. 멋대로 그의 시를 인용하는 무례를 계속해서 저지르기 위해서 말이다. 나는 이 글에서 그의 시를 곡해하지 않으려 노력했지만, 아마도 실패한 것 같다. 원래의 의미를 온전히 보존하는 인용이란 어차피 불가능한지도 모르겠다. 인용이란 결국 나의 맥락으로 타인을 굴절시키는 행위이기에.
 하지만 권과 나는 어떤 부분에 있어서는 여전했다. 그

래서 허연 또한 여전하다고 써야만 했던 것 같다. 우리는 그때나 지금이나 허연과 우리가 동족이라고 굳게 믿는다. 우리는 허연과 같은 혈통을, 노래와 울음으로 가득 찬 '들뜬 혈통'을 가졌다고 말이다. 그와 우리가 동족이라는 상상 자체가 우리를 들뜨게 만든다고 말하는 편이 정확할지도 모르겠다.

허연은 여전히 자신의 공화국의 유일한 구성원이다. 그의 나라는 외국인을 환대하지 않는다. 대신 그들이 무수히 많은 공화국의 설립자가 되도록 등을 떠밀어준다. 그렇게 권은 권의 공화국을, 나는 나의 공화국을 세웠다. 나는 나만의 공화국 안에서 시를 썼다. 내가 입법과 행정과 사법을 모두 담당하는, 삼권이 하나가 된 거친 공화국에서. 그러나 나의 공화국과 허연의 공화국은 헌법 체계를 공유하고 있다고 감히 주장하고 싶다. "같아지지 않되/녹아드는 일"[「쓸데없는 화살―시작법(詩作法)」]이 시를 쓰는 일이라고 그가 말했으므로.

마지막으로 발문의 진부한 전통을 따라, 그의 첫인상에 대해 말해보려 한다. 사실 내가 허연을 처음 만난 건 불과 몇 달 전이다. 한 문예지가 주관하는 시상식에서였다. 그는 작품상의 수상자였고 나는 무대 맞은편에 앉아 있는 관객이었다. 여러 사람들이 단상에 올라와 허연의 시 세계와 그 탁월함에 대해 이야기하는 와중에, 나는 그런 말이 하나도 들리지 않았다. 잡지에 실린 그의 에세이를 읽으며 필사적으로 울음을 참고 있었기 때문이다. 그는 수상 소감을 마무리하며 이렇게 말했다. "기쁩니다. 행복합니다. 도망치지 않겠습니다."

솔직히 말해서 나는 마지막 문장만이 그의 진심이라고 생각했다. 아마 그를 제멋대로 인용하는 오랜 버릇 때문이었겠지. 도망치지 않겠다는 다짐을 통해 그제야 "슬퍼서 숨을 때는 빗속에 숨는"다는 그의 말을 이해할 수 있었다. 숨는다는 건 도망과는 다르다. 그건 무책임한 일이 아니었다. 보호색처럼 온몸을 슬픔의 색으로 무장하고 기꺼이 슬픔의 한가운데를 향해 섞여 들어가려는 어떤 결심이었다. 허연은 단상 위에 마이크를 들고 서 있었다. 기꺼이 텅 빈 링 위로 올라가는 슬픔의 챔피언처럼. 나비처럼 불타 없어진대도, 영원히 패배한대도 상관은 없다. "어차피 다 노래니까"(「가여운 거리」).